AF466299

(Conserver la couverture)

A

LA MÉMOIRE

DU

COMTE LOUIS-HENRI DE VILLÈLE

27
n
127

BIBLIOTHÈQUE NATIONALE R.F. IMPRIMÉS

A

LA MÉMOIRE

DU

COMTE LOUIS-HENRI DE VILLÈLE

NÉ

A l'île Bourbon, le 30 août 1800

MORT

Au château de Merville, le 2 novembre 1882

(JOUR DE LA COMMÉMORAISON DES MORTS)

A L'AGE DE QUATRE-VINGT-DEUX ANS

PRÉFACE

> Il a ouvert sa main à l'indigent, ses œuvres parleront pour lui, son éloge sera dans la bouche des siens, et ses exemples dans le cœur de ses enfants.
>
> (PROVERBES.)

Comme l'humble violette cache ses belles et délicates couleurs sous l'herbe des champs, ainsi a vécu sans bruit, comme sans éclat, le noble chrétien dont nous esquissons à grands traits l'admirable figure. Ceux-là seuls qui l'ont approché ont pu apprécier la réelle valeur de son âme. Lui ne se doutait nullement que quelqu'un pût écrire sa vie après sa mort. Il y avait dans son noble cœur un fond si grand de modestie et d'humilité chrétienne, que celui qui aurait osé lui manifester une pareille intention aurait surpris sur ses lèvres non seulement un refus formel, mais même une parole de blâme.

Nous ne croyons pas cependant que ce soit manquer à sa mémoire que de redire aux enfants qu'il a tant aimés les vertus de celui qui fut leur vénérable père. Nous pensons, comme lui, que le culte des ancêtres est un culte dont les nobles familles sont, avec raison, saintement jalouses ; que c'est même répondre aux vues de la divine Providence que de conserver le souvenir de ceux qui, entre nos pères, se sont distingués par leurs vertus. N'est-ce pas ce sentiment qui inspirait au grand apôtre saint Paul ces paroles qu'il adressait aux chrétiens de son temps : « Soyez mes imitateurs comme je le suis de Jésus-Christ » ? Et ici l'homme de Dieu était l'écho du divin Maître, qui déjà avait dit à ses disciples avant de mourir : « Mes fils bien-aimés, je vous ai donné l'exemple, afin que ce que j'ai fait à votre égard vous le fassiez vous-mêmes ». (Saint Jean, XIII, 15.) Il est donc utile de garder profonde dans nos âmes la mémoire de ceux de nos pères dont la vie est une lumière et un enseignement pour la nôtre. Telle était aussi la pensée de celui que nous pleurons, et la dernière parole que nous avons de lui n'exprime pas un autre sentiment : « Je recommande à mes enfants », a-t-il écrit dans son testament, « de porter honorablement leur nom, que nos pères nous ont légué sans tache et que mon père a illustré par ses vertus et par ses talents. »

Notre biographie aura d'ailleurs un caractère

tout intime; elle sera simple, modeste, sans apprêt, comme celui dont elle désire retracer les vertus et les sentiments chrétiens. Une plume plus exercée et un pinceau plus habile auraient pu, sans doute, décrire en termes plus dignes l'âme si belle de M. de Villèle; mais étant de ceux qui l'ont approché de plus près dans les derniers temps de sa vie, nous serions heureux de donner à ses enfants une esquisse de ce grand caractère, avec toute la beauté idéale qu'ils lui ont connue et qu'ils ont si tendrement aimée en lui.

Ce que nous écrivons aura cependant un mérite : celui de la vérité la plus rigoureuse. Rien dans ces lignes ne porte le cachet d'un enthousiasme exagéré; c'est un portrait incomplet, nous l'avouons, mais exact. Nous ne sommes ici que l'écho fidèle, l'interprète scrupuleux de ceux qui ont connu le généreux chrétien, à la mémoire duquel notre cœur consacre cette dernière marque d'une affection profonde et d'une admiration méritée.

I

Pendant les jours les plus orageux de la grande Révolution, un jeune officier de marine débarquait à l'île Bourbon. Surpris par la tourmente révolutionnaire dans une expédition lointaine, il avait, comme la plupart de ses compagnons d'armes, préféré briser son épée et renoncer à sa carrière que servir des hommes assez criminels pour traîner leur roi dans toutes les humiliations et lui faire subir le plus sanglant et le plus sacrilège des outrages : la mort sur un échafaud. Le jeune démissionnaire, qui n'était autre que Joseph de Villèle, destiné à devenir plus tard le plus habile, le plus désintéressé des ministres de la Restauration, s'établissait dans cette colonie française pour y attendre des jours meilleurs. Il y épousait une femme d'un vrai mérite et d'un grand esprit chrétien, Barbe-Ombline-Mélanie Panon-Desbassyns. De cette union heureuse et bénie de Dieu devaient naître dix enfants : six à peine entrés dans la vie sont passés aussitôt dans la gloire de l'éternité ; les quatre qui ont survécu ont fait la joie de leurs parents ; le grand chrétien dont nous parlons était l'aîné de tous.

II

Le comte Louis-Henri de Villèle vint au monde, à Sainte-Marie de l'île Bourbon, le 30 août 1800, au lendemain d'une époque à jamais funeste et dont nous ressentons encore les terribles influences. Il aimait à parler du jour de sa naissance qui lui rappelait, avec son entrée dans la vie, son entrée dans l'Eglise qu'il devait tant aimer.

Sept années après son mariage, en mars 1807, M. de Villèle s'embarquait à bord de *la Polly*, qui faisait voile pour la France ; il abandonnait la terre hospitalière de l'île Bourbon pour venir habiter, non loin de Toulouse, le château et la terre de Mourvilles-Basses, qui, depuis quatre cents ans, étaient le patrimoine de sa famille. Le jeune Henri égaya, durant la traversée, ses parents par ses saillies heureuses et sa raison précoce. « Villèle est déjà tout marin, écrit sa mère à M. Desbassyns ; il connaît toutes les voiles, s'inquiète beaucoup des manœuvres et ne désire arriver que pour voir jeter l'ancre, mettre le pavillon et tirer un coup de canon. »

Lorsque le jeune Henri de Villèle arriva en France, le Concordat avait été signé entre le premier consul Napoléon Bonaparte et le pape Pie VII; la religion commençait à se relever de ses ruines ; la foule venait nombreuse se prosterner dans les sanctuaires d'où on l'avait chassée : époque émouvante dont ne parlait jamais sans émotion celui dont nous avons connu la foi profonde et ardente. Son père songea d'abord à lui assurer une éducation solidement chrétienne; il le confia donc, dès 1810, aux excellents maîtres de la pension de M. l'abbé Gary, d'où sont sortis tant de Toulousains distingués dans le clergé, la magistrature, l'armée et le barreau; c'était le seul collège ecclésiastique du temps, et, d'après le dire de ceux qui l'ont fréquenté, nous pouvons affirmer que les jeunes gens y recevaient une éducation fortement chrétienne.

Le nouvel élève du collège Gary-Savy fit sa première communion le 28 avril 1812. Voici dans quels termes touchants son illustre père annonce cette circonstance solennelle de la vie de son aîné : « Mon cher Desbassyns, écrit-il à son beau-frère, Villèle vient dimanche dernier de faire sa première communion. Témoins, avec Mélanie, de cette touchante cérémonie qui, réconciliant le pauvre enfant avec Dieu, annonce en même temps qu'il a été trouvé digne d'être traité en homme, nous avons été tous ce jour-là livrés aux sentiments les plus doux et partageons avec cet enfant la joie dont il est comblé. Il est fort raisonnable pour son âge; ce sera, je crois, un homme fort sage, et il a particulièrement le talent d'inspirer de l'intérêt et de se faire aimer; il n'est pas un maître du collège qui n'ait pour lui une prédilection particulière. »

Depuis cette heure, dont tout bon chrétien se rappelle comme de la plus belle de sa vie, la conduite sage du jeune Henri de Villèle ne fit que confirmer le jugement que son père avait porté sur lui avec ce coup d'œil judicieux qui était la qualité maîtresse du futur ministre. « Nous sommes fort contents de notre fils, écrit M. de Villèle, le 3 janvier 1815; pourvu que Dieu nous le conserve, ma famille ne restera pas sans chef après ma mort et mes autres enfants sans protecteur. » L'avenir devait réaliser ces paroles prophétiques. Sous la direction éclairée de ses maîtres, Henri de Villèle se forma aux grandes vertus, dont toute sa vie il devait donner l'exemple. Dans le cours de sa longue existence, nul n'a connu en lui ni défaillance, ni temps d'arrêt; toute sa vie a été une marche constante dans la voie de la perfection. « Tel vous l'avez connu dans ses derniers jours, tel nous l'avons toujours vu, tel il a toujours été », me disait naguère un de ceux qui lui touchent de plus près.

A sa sortie du collège, le jeune de Villèle suivit son cours de droit; le succès encouragea ses efforts et récompensa son travail. « Villèle a achevé sa première année de droit, écrit sa mère à son frère, M. Desbassyns; il a passé son examen avec succès; il a eu trois boules blanches et deux mentions honorables. Le *nec plus ultra* est trois. » — « Cet enfant, écrit de son côté le père, en date du 4 mars 1821, a une raison supérieure à son âge ; il nous donne toute sorte de satisfactions et nous est bien utile. Il fait sa seconde année de droit et suit ses autres études avec succès et application. »

Après avoir achevé son cours de droit, Henri de Villèle alla rejoindre à Paris son père, qui était député de la Haute-Garonne depuis 1815. Il se conduisit dans la capitale comme il s'était conduit dans la province, en jeune homme sérieux et ennemi des plaisirs et des distractions du monde. Il se plut à s'effacer. Ce ne fut que pour complaire aux désirs de son père qu'il accepta les fonctions de conseiller-auditeur à la Cour royale de Paris.

Il était loin de se désintéresser de ce qui touchait aux destinées de son pays, et suivait avec émotion le spectacle des luttes incessantes que la royauté soutenait contre des ennemis acharnés ; mais son amour de la vie cachée, son horreur instinctive du bruit, de l'éclat, des grandeurs humaines étaient chez lui si profonds qu'il aurait préféré de beaucoup à la vie agitée de Paris la vie calme et paisible qu'il eût mené au château de Mourvilles, entouré de ses paysans et occupé de la bonne culture de ses terres. Les sentiments du père étaient à cet égard les mêmes que ceux de son fils.

Quand ce grand homme d'Etat vint se reposer dans la solitude de Mourvilles des pénibles fatigues de la lutte sans trêve qu'il avait soutenue, une de ses premières paroles fut celle-ci : « Que je suis heureux ici, que je m'y trouve bien, autrement bien qu'à la rue de Rivoli ! »

Animé d'une tendre affection pour ses grands parents, Henri de Villèle voulut remplacer auprès d'eux son illustre père, quand ses devoirs politiques ne lui permettaient plus de les entourer de ses soins. « Mon père a été bien malade, écrit à cette époque le ministre à un de ses amis ; ma mère va bien faiblement, mais mon fils est auprès d'eux pour les soigner, leur être utile et veiller à nos affaires à Mourvilles. » Il chercha, autant que possible, à se partager entre ces divers devoirs jusqu'au jour où, victime des attaques qui partaient à la fois du camp des amis impolitiques de la royauté et du camp des libéraux, le célèbre ministre donna sa démission au roi Charles X, qui l'accepta. On se rappelle la parole célèbre que prononça devant le roi Madame la dauphine en apprenant cette décision : « En abandonnant M. de Villèle, vous descendez la première marche de votre trône». Cette parole, hélas! était une prophétie. Le comte Joseph de Villèle quittait le ministère en 1828 ; deux ans plus tard, Charles X reprenait le chemin de l'exil, emportant avec le deuil de la monarchie légitime la paix et le bonheur de la France.

L'heure était venue de choisir une épouse pour l'héritier du nom désormais illustre de Villèle ; Dieu fit tomber le choix de ses parents sur une femme en tout point digne de celui dont elle devait être la joie et la consolation. Louis-Henri de Villèle épousa, le 28 février 1829, Louise-Marie-Renée de la Fite-Pelleport, qui devait lui apporter plus tard le château de Merville, où nous l'avons connu et admiré dans ses derniers jours. Louise de la Fite était une chrétienne au cœur large, généreux, ardent. Nous laissons la parole au grand chrétien dont nous pleurons la perte ; dans sa simplicité, elle nous dira ce que fut cette union : « Cette bonne et bien-aimée épouse, écrit-il dans son testament, a fait, durant sa vie, la joie et le bonheur de mes jours et elle a adouci toutes les peines qui les ont assaillis. J'ai eu l'affreux malheur de la perdre le 5 mai 1859, après trente années de l'union la plus douce et la plus heureuse. La douleur que m'a fait éprouver cette perte a empoisonné mes jours ; elle pèse bien lourdement sur chacun d'eux ; elle m'accompagnera jusqu'au tombeau. Je l'offre chaque jour à Dieu en expiation de mes péchés et comme l'épreuve la plus douloureuse qu'il pût m'envoyer. Je le prie ardemment qu'après nous avoir unis dans ce monde, il daigne nous réunir tous deux dans le ciel ».

Nous n'avons pas à chercher d'autres événements dans l'existence du comte Henri de Villèle. Quand la déplorable révolution de 1830 s'accomplit, il se renferma plus que jamais dans la vie privée pour ne plus en sortir. Sa voie était dès lors tracée ; il ambitionnait d'être le père des pauvres, le chrétien ferme, convaincu, inébranlable que nous avons connu.

Les luttes que son illustre père avait dû soutenir contre une opposition acharnée et de parti pris qui avait pour elle la presse, les sociétés secrètes, les ambitions déçues, en un mot tous les moyens publics et cachés, ces luttes avaient péniblement retenti dans son âme délicate et sensible; il désirait la paix et la tranquillité de la vie de famille, cette joie calme qu'il avait prévue devoir abandonner le foyer le jour où son père fut appelé au ministère. « Villèle a été désolé lorsqu'il a appris que son père était ministre, avait écrit sa mère à sa sœur de Bourbon ; il prétend que tant que cela durera il faut renoncer au bonheur. Je crois en vérité qu'il a raison. » Le comte Henri de Villèle aima d'un grand amour la vie de famille; nous pouvons affirmer que Dieu a pleinement satisfait son aspiration.

Il crut d'ailleurs que son père avait assez fait pour le bien public de la France. Il choisit pour lui-même une part plus modeste, sans doute parce qu'il était destiné par la divine Providence à donner au nom devenu illustre de Villèle un éclat d'un autre caractère, l'éclat du bien et de la charité. Il fut digne de cette nouvelle mission ; il l'accomplit pleinement. Autant le célèbre ministre des rois Louis XVIII et Charles X a porté haut le nom de Villèle dans l'estime de ses contemporains, autant son digne fils Henri de Villèle l'a fait aimer et bénir des populations par sa charité sans égale et sa vie profondément chrétienne.

III

Ce que M. le comte de Villèle a répandu de bien autour de lui; ce qu'il a donné de bons exemples aux populations : la paroisse de Saint-Etienne, à Toulouse; les paroisses de Mourvilles-Basses, de Merville, de Caraman, de Caragoudes, des Varennes, de Labastide-Beauvoir, de Pompertuzat, de Deyme, de Saint-Jory, de Grenade, toutes ces localités sur le territoire desquelles étaient situées ses propriétés, le disent et le proclament hautement. Dans toutes ces paroisses son nom est béni ; toutes le regardent comme la personnification de la bonté, de la charité et de la vie chrétienne. Ces communes lui doivent ou le champ des morts, ou la maison d'école, ou le presbytère, ou quelqu'autre bienfait. Partout il a laissé des traces ineffaçables de sa charité; partout ses mains généreuses se sont plu à jeter la bonne semence.

Pendant de longs jours, il soutint dans Grenade, petite ville de l'arrondissement de Toulouse, les Frères des Ecoles chrétiennes et para aux difficultés des commencements parfois si ardues et si nombreuses. Aux Frères des Ecoles chrétiennes de Caraman, autre petite ville de l'arrondissement de Villefranche de Lauragais, il offrit une magnifique maison d'école, dont il voulut rester l'unique propriétaire, prévoyant, avec sa haute raison, les temps malheureux où, au mépris de la volonté des donateurs, les municipalités et le gouvernement confisqueraient toutes les fondations pieuses au profit de la Révolution.

Son but fut de favoriser d'abord dans les centres plus populeux l'éducation chrétienne contre les projets impies déjà prêts à éclore; il semblait au grand chrétien que le flot de l'athéisme ne dépasserait pas l'enceinte des villes, et que la Révolution respecterait, comme elle l'avait fait jusqu'ici, les populations si profondément chrétiennes de nos campagnes et l'âme de nos petits paysans. Hélas ! avant de mourir, le saint vieillard a eu le triste spectacle d'un mal plus grand qu'il ne l'avait prévu; il a vu l'esprit irréligieux non seulement corrompre l'ouvrier, mais encore pénétrer jusque dans les campagnes les plus reculées. Il y a déjà longtemps que Leibnitz, le célèbre philosophe, a écrit quelque part dans ses œuvres cette prophétique parole : « L'athéisme sera la dernière hérésie ». Or, nous y voilà arrivés : on ne s'attaque plus au symbole catholique, mais bien aux principes fondamentaux de toute morale, même de la morale naturelle. L'athéisme a déployé son noir drapeau, et des quatre vents de l'horizon les peuples affolés accourent sous les plis du sinistre étendard. Il prend différents noms, il est vrai : en Russie, il s'appelle nihilisme; en Allemagne, socialisme; en France, collectivisme et libre pensée. Peu importe le nom, c'est toujours la Révolution qui avance. Le serment est fait; il faut chasser Dieu de partout, de la politique, de la législation, de l'enseignement, du lit des moribonds, même du convoi des morts. Ce triste spectacle des temps présents soulevait le cœur de notre pieux chrétien de douleur et d'indignation. Que de fois n'a-t-il pas dit au curé qui a eu le bonheur de l'assister dans sa dernière maladie : « Si mes forces me le permettaient, Monsieur le curé, que je serais heureux de me mettre à vos côtés et de combattre avec vous tous ! O ciel ! où allons-nous? On s'applique à détruire aujourd'hui ce que nos ancêtres ont fondé; on chasse les Sœurs de nos hôpitaux, les Frères des écoles ; par un décret, on rappelle les hommes de la Commune, et on ferme les couvents pour en disperser nos religieux. Oh ! que vont devenir nos enfants, si les lois nouvelles s'exécutent? et que sera la génération qui aura été nourrie de tels principes? » Et alors, pour détourner les yeux de ce triste tableau, il aimait à se faire lire l'histoire du grand siècle, de ce siècle si fécond en hommes de génie et en saints, du siècle du cardinal de Bérulle, du Père de Gondren, de M. Olier, de saint Vincent de Paul, de Bossuet et de Fénelon; il écoutait attentivement la lecture, puis il ajoutait : « Voilà les œuvres que les aveugles du jour s'efforcent de détruire ». Ses espérances ne s'affaiblissaient pas, cependant; elles se ranimaient, au contraire, sous le souffle des ardentes protestations que les dernières lois ont soulevées dans le cœur des évêques et des bons chrétiens. Il s'intéressait vivement à toutes les phases de la lutte

BIBLIOTHÈQUE NATIONALE RF IMPRIMÉS

qui s'engage. Que de fois lui avons-nous entendu dire : « Si j'avais la force, mon chemin serait tout tracé : ce n'est plus l'heure d'écouter les conseils de la sagesse humaine ; il vaut mieux obéir à Dieu qu'aux hommes, et voilà pourquoi je me placerais du côté de ceux qui résistent ». Mais ce que Dieu n'a pas permis de faire au père que tous pleurent, ceux auxquels avec son sang il a donné son esprit chrétien, le feront pour honorer sa mémoire. Dieu lui accorda d'ailleurs toujours la consolation de voir ses enfants partager toutes ses idées ; nous savons même, pour le lui avoir entendu dire, que grande était sa joie de savoir qu'aux paroles ils ajoutaient l'action et se montraient pleins de zèle pour le succès d'une lutte qui, en sauvant la religion en France, sauvera finalement la patrie, si Dieu, dans ses impénétrables desseins, lui accorde la victoire.

IV

C'est surtout envers les pauvres que s'exerça la grande charité de M. le comte Henri de Villèle ; les pauvres ont été l'objet constant de sa sollicitude, et ce n'est pas trop de dire qu'il fut le père des pauvres. Nul, en effet, plus que lui ne mérite ce nom béni devant Dieu et devant les hommes ; nous disons ce nom béni, car si un verre d'eau froide donné à un pauvre pour l'amour de Jésus-Christ ouvre les portes du ciel, quelle n'est pas aujourd'hui la couronne de ce généreux chrétien dont les revenus étaient le patrimoine des malheureux. Il aima d'un amour profond et efficace les membres souffrants de l'humanité ; animé de cet amour, il prit tous les moyens de les soulager. Si la moisson était abondante, il se réjouissait : « Les pauvres auront davantage », s'écriait-il. Un morceau de pain dans la poche, il partait tous les jours de grand matin pour aller visiter les ouvriers qui étaient dans les champs ; et comme un jour une personne lui manifestait sa surprise de lui voir prendre une nourriture si légère et si commune : « Oh ! répondit-il, du ton le plus naturel, les pauvres n'y perdront pas, ils auront la part meilleure. » Durant ses longues années de souffrance, il ne voulut jamais rien demander; il défendait même qu'on fît pour lui quelque chose de particulier, et lorsque ses serviteurs ou les personnes qui l'approchaient lui disaient : « Mais vous pourriez exprimer un désir, tous nous voulons soulager votre état de souffrance... — Comment voulez-vous que je demande des douceurs, répondait-il, lorsque je pense aux pauvres qui n'ont qu'un morceau de pain pour unique nourriture et qui n'ont pas de bois pour réchauffer leurs membres transis. » Lorsque, l'hiver, il se réveillait, à la vue du feu qui pétillait dans le foyer de sa chambre, on l'entendait souvent s'écrier : « Que les malheureux doivent souffrir et qu'ils sont à plaindre. » Dans cette pensée, il ne voulait rien d'inutile dans ses habits ou dans les soins dont on l'entourait. Un mois peut-être avant sa mort, la personne qui le servait, à la vue de quelques vêtements trop usés, réclamait l'acquisition de nouveaux objets : « Non, répondit-il, attendons encore; donnons cet argent aux pauvres, car bientôt peut-être je ne serai plus. » Hélas! sa parole ne fut ce jour-là que trop vraie! Ces actes et ce langage sont admirables. On nous pardonnera d'entrer dans tous ces détails; mais c'est dans les traits de sa vie intime, dans les mots qui spontanément sont sortis de ses lèvres que se montre surtout le noble caractère de M. de Villèle.

Les actes répondaient aux paroles chez cet homme charitable. Aucun des malheureux qui lui ont tendu la main n'en a jamais éprouvé un refus. Que de misères ce cœur généreux a soulagées! que de désespoirs il a arrêtés! Un jeune garçon vint un jour demander l'aumône au château de Merville; c'était un petit mousse breton abandonné sur les côtes de la Méditerranée et errant au hasard pour rejoindre ses foyers. M. de Villèle fait pourvoir à tous ses besoins, lui donne des vêtements, de l'argent, et le rend à sa famille par la voie la plus prompte. Il apprit bientôt que son aumône avait été bien placée et eut la joie de savoir qu'il avait fait des heureux. C'est encore une pauvre femme dont le fils unique est tombé au sort; dans sa tristesse, elle a recours à celui que tous regardent comme la providence des affligés : « Priez pour moi, Monsieur le comte, lui dit-elle, et demandez à Dieu que mon fils ne nous quitte pas, car je sais que vos prières seront entendues. » Et lui, dans son humilité, de lui répondre : « Si vous vous reposez, ma pauvre femme, sur le secours de mes prières, elles valent bien peu; je vous donnerai plutôt deux mille francs qui vous permettront de remplacer votre fils; vous me les rendrez, si vous le pouvez, quand vous voudrez. » Et il prit dans son secrétaire la somme désirée; il la donna à cette mère désolée qu'un tel acte de générosité laissa muette de joie et d'admiration. Ces traits sont nombreux dans la vie de notre grand chrétien; nous les citons au hasard, car tous ont le même caractère.

Lorsque, dans la paroisse où il résidait, il apprenait que des pauvres étaient malades, il ne laissait à personne le soin de les visiter; il entrait dans tous les détails de leurs besoins, et s'il était nécessaire de reconstruire une chambre trop humide, de refaire une toiture qui menaçait de tomber, de regarnir une literie insuffisante, les ouvriers étaient aussitôt commandés, les objets nécessaires achetés, et la misère soulagée. Souvent, il payait le séjour des eaux à de pauvres malades, et si le mal demandait pour guérir des remèdes extraordinaires ou un traitement trop coûteux, sa bourse, toujours ouverte, faisait disparaître toutes les difficultés. Il avait tous les ans le soin de demander la liste des pauvres aux curés des paroisses sur le territoire desquelles se trouvaient ses propriétés : aux uns il donnait des habits complets, aux autres du bois, à ceux-ci du pain, à tous les secours nécessaires.

Je ne parle pas des couvents que, dans les temps difficiles, il a soutenus de ses dons en nature et en argent. Tous les ans, religieux et religieuses venaient encore frapper à sa porte; eux aussi avaient leur part comme pauvres volontaires de Jésus-Christ. Et c'est ainsi que la plus grande partie de ses revenus était dépensée en bonnes œuvres. Celui qui lui demandait pour venir au secours d'une infortune était certain de lui faire plaisir. Que de fois lui ai-je entendu répondre à de pareilles demandes : « Je vous remercie de me donner l'occasion de faire un peu de bien. » A l'entendre, c'était un service que le solliciteur semblait rendre, au lieu de le recevoir. On ne peut trouver ni plus de générosité dans le secours donné, ni plus de bonté dans la manière de l'offrir. Aussi, toutes les infortunes se découvraient-elles, libres et sans déguisement, à ses regards, car elles trouvaient chez lui discrétion, délicatesse et soulagement.

Il portait encore sa sollicitude sur tous les ouvriers qui travaillaient sur ses biens, et exerçait sur eux une sorte de paternité. Il les visitait souvent, il s'informait, avec un soin minutieux, de leurs affaires et voulait juger par lui-même s'ils n'avaient besoin d'aucun secours. Il les mettait non seulement à l'abri de la misère, mais voulait encore que le bien-être régnât dans leur foyer. Il cherchait, par tous les moyens, à procurer une honnête aisance à ses métayers, non à la manière de nos réformateurs dont les utopies mensongères, loin d'améliorer le sort de l'ouvrier, n'engendrent dans son cœur que des haines jalouses et des désirs incendiaires, mais en homme de sens et en chrétien qui poursuit le seul but possible : l'amélioration sage et pratique de la condition du travailleur par des moyens justes et raisonnables. Le succès couronnait souvent ses efforts. Plusieurs de ses ouvriers ont commencé chez lui à jeter les bases d'une fortune solide, et ce n'est pas une fois qu'autour de nous nous avons recueilli cet aveu : « Tel qui aujourd'hui jouit d'une aisance plus qu'ordinaire s'est enrichi au service de M. de Villèle. » Il se réjouissait de voir les hommes qui le servaient prospérer ; il leur donnait des conseils sages et pratiques pour la direction de leurs affaires ; il les arrêtait sur les bords de l'abîme, s'ils prenaient une mauvaise voie ; en un mot, il les entourait d'une sollicitude toute paternelle, et s'il ne pouvait assurer à tous les mêmes avantages, il les voulait au moins tous heureux. Citons entre mille un nouveau trait, il nous montrera dans son vrai jour la noblesse de cette âme. Quand il était assis, pendant les soirées d'hiver, devant un bon feu, il disait souvent : « Je me chauffe avec d'autant plus de plaisir que je sais tous les gens de mes biens pourvus de bois et en état de résister au froid. » En effet, grâce à la prévoyance de son père et à la sienne, la plupart des champs de la terre de Mourvilles en particulier, sont entourées de haies qui fournissent abondamment au chauffage de la population de cette paroisse. Et comme un jour quelqu'un objectait à notre homme généreux que les ouvriers pourraient bien tailler eux-mêmes les haies et ramasser les branches coupées : « Oh ! non, répondit-il, ce ne serait plus la même chose ». C'était toujours la même largeur dans le don, la même délicatesse dans la manière de l'offrir.

Ses serviteurs et ouvriers agricoles étaient les premiers dont les intérêts formaient l'objet habituel de ses préoccupations. Songeant sans cesse à améliorer leur sort, il ne reculait jamais devant un prêt ou une avance de gages et ne négligeait rien pour assurer leur avenir. Mais il ne bornait pas sa sollicitude pour les gens de ses biens à ce qui touchait seulement leurs besoins matériels ; il l'étendait bien davantage encore à ce qui concernait leur bien spirituel et moral. Combien de bons conseils n'a-t-il pas donnés ! Que de fois n'a-t-il pas maintenu, par ses avis et son influence, la paix dans les familles de ceux qui l'entouraient ! Tous le consultaient pour leurs moindres affaires. Jamais un procès n'avait lieu dans les communes où il était propriétaire ; les parties intéressées le prenaient pour arbitre et respectaient ses décisions. Il recommandait en toute occasion le pardon des injures, et ses exemples parlaient plus encore que ses discours ; c'était à ce point qu'on lui reprochait quelquefois d'être plus aimable et plus attentionné pour ceux qui l'avaient offensé que pour ses amis constants et dévoués.

V

La douceur et la patience de M. de Villèle envers tous ses serviteurs étaient au nombre des traits caractéristiques de sa belle âme. Jamais il ne se plaignait de quelque manquement que ce fût; il excusait tout et cherchait toujours à éviter ce qui pouvait donner plus de peine ou plus de travail. Adresser un reproche était pour lui un supplice; être témoin d'observations de ce genre ne lui était guère moins pénible, et il ne supportait pas d'en être lui-même l'occasion. Durant un voyage, étant descendu dans un hôtel en compagnie d'un de ses parents qui nous a raconté ce trait, comme celui-ci se plaignait de la mauvaise qualité des mets qui leur étaient présentés, il l'interrompit aussitôt en disant : « Ne réclamons pas, je vous en prie; ce qu'on nous donne est plus que suffisant pour nous nourrir, n'en demandons pas davantage. » Toujours disposé à s oublier et s'imposer des privations, et songeant sans cesse à épargner les moindres mortifications à ceux qui avaient affaire à lui, tel était M. de Villèle dans tous les instants de sa vie. Humble, modeste, ennemi du bruit et de l'éclat, ainsi l'ont connu tous ceux qui l'ont approché. Tout le bien qu'il faisait était entouré de silence autant qu'il se pouvait. On peut dire de lui que sa main droite ignorait ce que donnait sa main gauche; s'il avait recours à des mains étrangères, il les voulait discrètes et retenues. Sans doute, beaucoup d'infortunes qu'il a soulagées sont connues et proclament hautement l'étendue de sa charité. Nous ne craignons pas cependant de dire qu'elles sont plus nombreuses encore les bonnes actions dont Dieu seul a été le témoin. Le nom du comte Henri de Villèle n'a pas dépassé le cercle de ses amis et de ceux qui ont senti l'influence de ses bienfaits; il n'en restera pas moins pour eux le synonyme de la plus pure charité. L'ambition lui était complètement inconnue; ce sentiment ne trouva jamais en lui le moindre accès. Lorsque, à peine sorti de l'adolescence, il apprit que son père était placé à la tête du ministère, resté depuis célèbre sous le nom de ministère de Villèle, tout autre que lui aurait été heureux de ce triomphe qui lui ouvrait la carrière des honneurs; lui en fut affligé, et sous le coup de sa peine, il écrivit à un de ses parents une lettre touchante que celui-ci conserve comme un souvenir précieux.

Un de ceux qui l'ont bien connu disait de lui que partout où il était invité il ne recherchait jamais la première place; peu lui importait celle qui lui était donnée, fût-elle la dernière, il était toujours satisfait. Rien ne lui était plus pénible que d'entendre parler des actes généreux, qu'il trouvait si naturel de faire, et quand on lui manifestait des égards, il les recevait dans les sentiments de la plus sincère humilité. Il trouvait les termes les plus délicats pour remercier ceux qui cherchaient à lui être agréables. Nous tenons du prêtre qui a eu le bonheur de l'assister dans ses derniers jours, qu'il lui était souvent nécessaire de faire un véritable assaut à la modestie de son pénitent pour lui faire accepter des soins spirituels que son état de souffrance demandait plus nombreux: « Vous me comblez, lui répétait le digne vieillard, je vous remercie d'une attention que je ne mérite pas. »

Il en est qui auraient peut-être désiré trouver, dans la vie du comte Henri de Villèle, un rôle plus éclatant; tels n'étaient pas les sentiments de ce modeste chrétien qui, toute sa vie; ne chercha qu'à s'effacer. Ses œuvres n'en auront pas moins de prix; elles parleront pour lui, et son nom, béni par ceux qu'il a secourus ou édifiés de ses bons exemples, restera plus cher à ceux qui l'ont connu que certains noms retentissants, sur lesquels la pierre du tombeau s'est à peine fermée que leur souvenir s'est effacé pour toujours.

O modestie sainte! ô sublime humilité! vous êtes belles dans l'âme de celui qui, déshérité des dons de la fortune, est cependant heureux de sa pauvreté et ne désire nullement en sortir; vous êtes belles encore dans le cœur de l'homme qui, échappant aux séductions d'une richesse qui lui sourit et des honneurs qui s'offrent à lui, se cache et se dérobe aux fumées de l'orgueil! Ainsi comprit la grandeur le comte Henri de Villèle, dont la devise fut la sublime maxime de l'*Imitation* : *Ama nesciri et pro nihilo reputari*; « Aime à n'être rien et à passer pour rien. »

VI

Vous qui n'avez pu entendre sans admiration les traits d'une humilité si profonde et d'une si ardente charité, apprenez que le vrai chrétien dont, avec juste raison, vous honorez la mémoire, puisa cette humilité et ce constant amour des pauvres et des petits dans la pratique journalière de trois grandes vertus chrétiennes : un détachement complet des biens de ce monde, un esprit véritable de pénitence et une soumission de tous les instants à la sainte volonté de Dieu.

Autant l'âme d'élite que nous admirons fut tendre et pleine d'indulgence pour les autres, autant elle fut austère et sévère pour elle-même. M. de Villèle pratiqua dans toute sa force la maxime de l'Evangile : « Bienheureux les pauvres d'esprit », car il était véritablement pauvre au milieu de sa richesse. A ses yeux, les biens qu'il tenait de Dieu n'étaient qu'un dépôt auquel il croyait devoir faire rapporter beaucoup pour donner davantage aux pauvres. « Tout ce qui m'entoure me serait-il enlevé », disait-il un jour au prêtre qui a été l'heureux confident de son âme dans ses dernières heures, « que je n'en éprouverais aucun trouble. » Et en effet, il était de force à s'écrier, à l'instar du saint homme Job, si Dieu lui eût demandé le sacrifice entier de ses biens : « Vous m'avez tout donné, ô mon Dieu, vous m'avez tout enlevé, que votre saint nom soit béni. » Hélas ! cette parole, il a dû la dire dans plusieurs circonstances de sa vie. Pour suivre avec plus de liberté cette grande loi du détachement, bien avant l'heure de la mort il se dépouilla de l'administration de tous ses biens en faveur de ses enfants bien-aimés ; il ne se réserva que des rentes qui, de ses mains, devaient passer entre les mains des pauvres. Il ne fallait pas lui parler d'acheter, pour ses besoins personnels, rien de superflu : « Ne faisons pas de dépenses inutiles », répondait-il toujours, « car Dieu nous en demanderait compte ». Aussi la pensée de sa fin n'effraya jamais ce grand chrétien ; tous les jours, depuis de longues années, il faisait sa préparation à la mort avec autant de ferveur qu'un Chartreux. La mort est enfin venue ; elle a été reçue dans la calme sérénité du juste comme une amie longtemps attendue.

A un cœur aussi détaché des biens qui passent, la mortification parut un devoir rigoureux. Rien, en effet, de ce qui respirait la sensualité ne fut aimé de M. de Villèle ; il semblait mort à tout plaisir des sens, et cependant il aurait pu se procurer tous les agréments de la vie. Debout de grand matin, un morceau de pain et un verre d'eau lui suffisaient pour attendre jusqu'à onze heures, moment de son déjeuner. Tous les jours, et par tous les temps, par la neige, par la glace, par la pluie, par la chaleur, il se rendait à l'église de la paroisse pour y entendre la sainte messe. De l'église, il allait visiter ses terres, les pauvres et les malades. Les intempéries des saisons ne l'arrêtaient jamais ; il avait dompté son corps de sa volonté rigide, et son corps lui obéissait en véritable esclave. Même dans sa dernière maladie, il ne voulut pas permettre à ses enfants, qui auraient tant désiré soulager ses souffrances, de lui procurer un de ces lits ou de ces fauteuils perfectionnés qui auraient été un adoucissement à son état.

Le sommet de la perfection chrétienne, le dernier mot de la charité, c'est une soumission entière de l'âme à la volonté de Dieu. Jésus-Christ, le type divin de la sainteté, ne se glorifie dans son Evangile que de faire la volonté de son Père : « Ma nourriture est de faire la volonté du Père qui m'a envoyé ». Et ailleurs, il dit : « Et je fais toujours ce qui lui plaît. » (S. Jean, VIII, 50.) Faire la volonté de Dieu est encore l'unique et fondamentale disposition de l'âme de sa divine Mère. Elle est bien de la Vierge immaculée cette grande parole : « Voici que je suis l'humble servante du Seigneur; qu'il me soit fait selon votre parole ». Tel est aussi l'idéal que cherchent à réaliser les saints : ne faire de leur volonté qu'une seule volonté avec celle de Dieu. Ici nous apparaît encore dans toute sa beauté morale l'âme du comte Henri de Villèle; lui aussi, dans toutes les heures de son existence, n'a voulu que la volonté de Dieu; il n'eut même jamais d'autre volonté que celle-là, et nous ne craignons pas de dire que sa soumission à Dieu atteignait l'héroïsme.

Les faits confirmeront nos paroles. Dans une année de riche et abondante récolte, il nous souvient qu'il posa cette question à un prêtre qui le voyait souvent : « Dois-je remercier Dieu, Monsieur le curé, de la bonne récolte qu'il vient de m'accorder? Il me paraît convenable de dire un *Te Deum.* » Puis, comme confus d'avoir prononcé ces paroles, il se reprit : « Non, je ne dirai pas le *Te Deum,* car si je remercie Dieu de notre bonne récolte, je semble lui dire que je préfère une année abondante à une année malheureuse; or, ce n'est pas à moi de désirer, mais à Dieu de vouloir; je crois mieux de m'en remettre à ses volontés. » Et contre toutes les raisons que le prêtre, ravi d'admiration, s'efforça de lui donner, il ne dit pas son *Te Deum,* il se contenta de jeter son cri ordinaire : « O mon Dieu, que votre volonté soit faite » !

Lorsque, le 5 mai 1859, il perdit la généreuse femme qui faisait le bonheur et les délices de sa vie, la comtesse de Villèle, de douce et regrettée mémoire, il accepta avec soumission le coup qui le frappait si profondément et qui allait ouvrir dans son âme une douleur que le temps ne guérit jamais. Bien plus, il considéra cette perte comme une punition de ses péchés. Selon l'expression dont il se sert lui-même dans le passage de son testament cité plus haut, tous les jours il ne cessait de l'offrir à Dieu comme une expiation de ses fautes.

La plaie n'était pas assez profonde ni l'épreuve du juste assez complète. Près de vingt ans après cette séparation cruelle, par un de ces desseins impénétrables dont Dieu seul a le secret, un mal foudroyant lui ravit son fils, le vicomte Joseph de Villèle, « ce fils que j'aime tendrement, comme il a écrit de lui, et dont le bonheur a fait toute la préoccupation de ma vie ». Ceux qui ont su apprécier la grande sensibilité du bon vieillard pourront seuls comprendre la douleur amère que suscita dans son âme la mort prématurée de ce généreux fils, héritier unique de son nom. Dieu ne pouvait demander au cœur de ce tendre père de brisement plus profond ; cette mort le séparait pour toujours de l'objet de ses plus chères espérances, du fils dans le cœur duquel se reflétait sa large et noble générosité. Il accepta encore cette dernière épreuve ; il but le calice jusqu'à la lie sans laisser exhaler la moindre plainte, sans se demander pourquoi ce coup inattendu et mystérieux de la divine Providence venait le frapper.

Mais il est dit que le juste doit passer par le creuset des souffrances et porter avec Jésus-Christ sa croix glorieuse. Le fervent chrétien répondait aux grâces de Dieu d'une manière trop parfaite pour ne pas subir cette loi. Son corps lui-même devait être brisé. Dès l'année 1873, l'infirmité est venue, elle est venue complète, longue, douloureuse. La maladie commença par paralyser les membres de

M. de Villèle; elle coucha immobile sur son lit de douleur cet homme qui avait une activité si constante, qui voulait tout voir, tout connaître, tout juger de ses propres yeux, dont la vie laborieuse se passait au dehors. Dieu le voulait inactif : il accepta sans murmurer. Cependant, tous ses membres étaient atteints; le malade ne pouvait pas même porter la main à sa tête; ses bras, ses jambes étaient comme enchaînés; il ne pouvait ni prendre sa nourriture ni répondre aux premières nécessités de son corps : c'était la dernière humiliation que Dieu réservait à son serviteur. Pour l'extrême délicatesse du bon vieillard, c'était une grande souffrance; mais il ne se plaignit jamais, il n'eut pas même la pensée du murmure. La seule parole qu'il disait à ce sujet était celle-ci : « Allons, s'écriait-il en souriant lorsqu'on attachait au dossier du fauteuil sa tête lourde et souffrante, on m'attache comme un bœuf. » Humiliation et souffrance, tout était accepté du malade; à l'une comme à l'autre, il n'opposait que la même parole : « Que votre volonté soit faite, ô mon Dieu, que votre volonté soit faite ! »

VII

C'est dans une foi vive et une religion profonde que le comte Henri de Villèle puisa les vertus que nous venons de décrire si imparfaitement. Il était de cette race forte de solides chrétiens, dont les rares représentants tendent à disparaître dans nos temps de décadence et de compromissions : il n'écouta jamais la nature, il ne connut que la loi. Il avait détruit depuis longtemps chez lui l'amour de soi, l'amour-propre, cette racine cachée de nos imperfections, cet obstacle puissant, souvent victorieux, que la vertu rencontre devant elle. Etranger à l'égoïsme, il ne se compta jamais pour rien ; Dieu fut le seul but de sa vie ; toutes ses actions portaient le caractère de la foi la plus ardente.

Enfant soumis et dévoué de l'Eglise, il obéissait à ses lois avec une scrupuleuse fidélité. Il observait les jeûnes avec la perfection d'un religieux, n'admettant pour lui-même aucun soulagement ; un verre d'eau pure et quelques légumes étaient toute sa collation. Dans sa foi ardente, il aurait voulu voir les hommes animés d'un grand amour pour cette Eglise dont il observait si parfaitement les lois. Les luttes de l'Eglise furent aussi les siennes ; ses angoisses, ses douleurs, ses épreuves des dernières années trouvèrent dans le cœur de notre chrétien un écho dont le retentissement redoubla le poids de son infirmité physique. Jusqu'à sa dernière heure, il suivit avec une profonde sollicitude la lutte qui se continue terrible entre l'Eglise de Jésus-Christ et l'enfer; il soutint de ses abondantes aumônes le Souverain Pontife, dont il aurait voulu, avant de mourir, saluer la délivrance; il protesta sans cesse et dans toutes les occasions contre l'abandon universel des nations, si chrétiennes autrefois, si dévouées à l'Eglise.

Une parole d'un vénérable prélat, qui se connaissait en hommes et avait été longtemps le supérieur d'une célèbre maison de missionnaires, dépeint admirablement la physionomie fortement chrétienne de notre héros. On faisait, dans une assemblée, l'éloge du comte Henri de Villèle devant Mgr Mioland, alors archevêque de Toulouse : « M. de Villèle, repartit le prélat avec sa rondeur bien connue, M. de Villèle n'est pas un homme de notre âge. Il aurait dû vivre dans le treizième siècle, dont il personnifie et la foi vive et la pratique chrétienne. » Nous ne croyons pas que personne ait porté un jugement plus juste sur le chrétien dont les exemples ne s'effaceront jamais de la mémoire de ceux qui l'ont approché.

Nous ne pouvons nous empêcher de donner ici le règlement de vie du vénérable vieillard pendant les longues années de maladie qui précédèrent sa mort. Réveillé tous les matins à six heures, il commençait sa journée par la récitation de la prière vocale, puis il faisait sa préparation à la mort, entendait une lecture méditée sur le saint Viatique ou le sacrement de l'Extrême-Onction; il terminait ces premiers exercices par la récitation fervente de l'acte d'abandon, de Bossuet, à la sainte volonté de Dieu. A sept heures, il s'unissait, de cœur et d'esprit, aux prêtres qui célébraient la sainte messe dans le monde entier; lui-même récitait les prières de la messe de mémoire. A huit heures, il recevait les membres de sa famille, en particulier ses petits-enfants, qui venaient tour à tour lui souhaiter le bonjour. *L'Imitation de Jésus-Christ,* la vie du saint du jour, un livre de piété occupaient son temps de dix à onze heures. Témoin impuissant, mais plein de chaleur des luttes de son pays et de l'Eglise, après son déjeuner il entendait la lecture des journaux qu'il suivait avec un intérêt poignant. Ces heures étaient aussi celles où les membres de sa famille se plaisaient à le distraire et à lui prodiguer les marques de leur affection. Vers trois heures du soir, il priait les siens de le laisser seul avec Dieu; il récitait le chapelet, puis on lui faisait la lecture de la vie d'un saint ou d'un livre édifiant. La prière du soir se récitait en commun. Tous, maîtres et domestiques, montaient dans la chambre du malade; on s'agenouillait autour de ce vieillard dont la pensée était constamment avec Dieu, et on adressait ensemble au Seigneur ces prières qui ont attiré jusqu'ici de si nombreuses bénédictions sur votre chrétienne maison, ô fils heureux de celui dont vous n'abandonnerez jamais les traces!

Il se confessait régulièrement tous les huit jours; il recevait la sainte communion deux fois, souvent trois fois par semaine : c'était toujours avec une ferveur nouvelle, avec l'ardeur d'un premier communiant. Il eût sans doute accepté la privation du pain eucharistique, si Dieu l'eût jugé à propos; mais Jésus, le divin Agneau, ne lui refusa pas cette consolation suprême : il vint souvent à lui pour répondre à son amour.

VIII

Après avoir envisagé la figure si nettement chrétienne du comte Henri de Villèle, on se demandera si une vertu, si austère au premier abord, n'enleva rien au père de famille de sa tendresse, à l'homme du monde de son urbanité, au Français de son patriotisme. Cette question n'en est pas une aux yeux de celui dont la piété est large et la religion bien comprise. Sous l'inspiration des vertus chrétiennes, les rapports journaliers ne deviennent que plus doux, la tendresse filiale et paternelle que plus affectueuse, le patriotisme que plus ardent. Loin d'arrêter et d'amoindrir les vertus sociales et les grandes affections, la religion les purifie et leur donne une impulsion plus vive.

Tous ceux qui ont pu approcher M. de Villèle connaissent sa politesse de bon ton : il la puisait dans ce fonds de modestie si remarquable en lui ; il avait l'urbanité du grand siècle, pour lequel d'ailleurs il ne cachait pas son admiration. Ses lectures favorites étaient celles qui l'entretenaient des gloires du siècle de Louis XIV ; c'était même lui faire un sensible plaisir que de lui parler du grand roi et de son illustre époque. De haute taille, d'une figure austère, M. de Villèle en imposait par le grand air qui ressortait de toute sa personne. Nul devant lui n'aurait osé prononcer une parole malséante ni se permettre l'inconvenance la plus légère. Sa grande dignité arrêtait les plus téméraires. Les humbles et les petits l'approchaient cependant avec facilité. Il n'y a pas longtemps encore, un bon paysan nous disait de lui, en son naïf langage : « M. de Villèle n'attendait pas notre salut, c'était lui qui toujours saluait le premier ».

Un des côtés les plus remarquables du comte Henri de Villèle fut sa tendresse respectueuse à l'égard de son père et de sa mère, son affection profonde envers ses propres enfants. Nous n'avons pas rencontré de cœur dont l'amour pour la famille fût plus prononcé : c'est au milieu des siens que notre chrétien passa sa vie ; comme il se montra fils reconnaissant et affectueux, il fut père tendre et dévoué.

Ses parents trouvèrent en lui un fils plein de respect, de tendresse et de dévouement. Jusqu'au jour de leur mort, qui arriva, pour son illustre père, le

13 mars 1854, pour sa digne mère le 24 avril 1855, M. de Villèle entoura ses bien-aimés parents de ses soins assidus avec une abnégation de lui-même vraiment admirable. « Il m'est impossible, nous disait un de ses enfants, de rendre par mes paroles la perfection avec laquelle il a observé le quatrième commandement; non, je n'ai vu personne l'accomplir comme lui ». Il fut, en effet, le fils le plus tendre et le plus soumis. Son amour filial atteignait un tel degré de sensibilité touchante et de tendre délicatesse qu'il se chagrinait de voir les terres que lui avaient données son père à l'époque de son mariage rapporter plus de revenus que celles que celui-ci s'était réservées. « Ce qui est singulier dans les terres que je viens de donner à mon fils, écrivait à un de ses amis le célèbre ministre de la Restauration en septembre 1829, c'est que la récolte y est beaucoup plus belle que chez moi; il a la bonté d'être chagrin de cela et de craindre que je ne l'ai trop bien partagé; j'en suis heureux pour lui et pour ma belle-fille ». Ce fils si affectueux ne laissa ses parents jamais seuls. Lorsque le devoir l'appelait auprès d'eux, il n'hésitait pas : il s'arrachait à ses occupations, à son intérieur, à sa vie ordinaire, il s'empressait de venir les réjouir de sa présence; aussi existait-il entre les parents et le fils une amitié profonde. La confiance du père et de la mère dans ce fils dévoué fut sans bornes : « Ils ne pouvaient se passer de lui », s'écriait un de ses parents en parlant de la tendresse filiale de notre chrétien. C'est aussi dans les bras de ce digne héritier de

leurs vertus et de leur nom que sont passées de ce lieu d'exil dans la patrie céleste ces deux grandes âmes dont Dieu a voulu bénir dans les enfants les intentions droites et chrétiennes.

La tendre affection du comte Henri de Villèle envers ceux que Dieu lui donna dans son infinie bonté ne s'effacera jamais de votre mémoire, ô vous qui avez été ses enfants aimés! Il n'était heureux qu'au milieu des siens; il veilla sur eux avec la plus constante sollicitude; ses enfants furent la principale préoccupation de toute sa vie. C'était sa joie, après une journée passée dans les champs et au milieu de ses ouvriers, de se reposer le soir auprès de ses enfants et de jouir de leurs amusements. On voyait alors ce chrétien, à la figure austère et aux mâles vertus, le sourire de la bonté sur les lèvres et le regard plein de tendresse, prendre ses chers petits dans ses bras et les caresser. Naguère encore ceux qu'il avait bercés sur ses genoux aimaient à nous redire les chants aux mélodies mélancoliques avec lesquels ce bon père les avait souvent endormis. Pour nous, qui n'avons eu le bonheur de l'approcher que dans ses dernières années, ce n'est jamais sans émotion que nous avons contemplé le spectacle de ce digne vieillard entouré de sa nombreuse famille. Enfants et petits-enfants se suspendaient à lui, comme les grappes de raisins autour de leur souche, les uns à son cou, les autres à ses bras; ceux-ci étaient couchés à ses pieds; ceux-là étaient assis à ses côtés; tous, en un mot, le regardant de leurs gracieux et aimables sourires, se plaisaient à le couvrir de caresses et de baisers. Le bon vieillard ne se fatiguait jamais ; il voulait même que l'un d'eux couchât dans la chambre voisine de la sienne pour en avoir au moins un sans cesse auprès de lui. Autant que sa santé le lui permit, il aimait à faire lui-même la lecture : Corneille, Racine, Molière, les auteurs du grand siècle étaient les livres de son choix. « Vous ne sauriez croire, nous disait un des jeunes gens qui avaient profité de ces lectures, avec quel art exquis, avec quelle chaleur, avec quel puissant intérêt M. de Villèle lisait les grands maîtres de notre littérature, de telle sorte que, malgré notre âge si difficile à captiver, nous étions tous suspendus à ses lèvres ».

Non, n'oubliez jamais la bonté de votre père, enfants qu'il s'est plu à aimer! Que son doux souvenir vous tienne tous unis d'une même et fraternelle affection ! L'union dans la famille fut le rêve de toute sa vie : il se réjouissait de la voir régner parmi les siens, et pour graver dans leur mémoire le vœu constant de son âme, il l'a exprimé dans son testament par cette simple mais touchante parole : « Je recommande à mes enfants de vivre dans la plus parfaite union ». Nous reconnaissons dans cette pensée la haute sagesse du saint vieillard, dont la conduite fut une protestation contre cette désagrégation de la famille qui est la funeste tendance du jour. Convaincu que, pour conserver dans le cœur des enfants les grandes traditions et les bons principes, le père de famille ne devait jamais abandonner le foyer, mais y passer, au contraire, sa vie et ne chercher que là ses joies et ses consolations, il vécut au milieu des siens et les appela sans cesse autour de lui. Dieu a répondu à ses désirs. Ce n'est jamais sans être charmé de ce spectacle que nous avons vu souvent assis, autour de sa table, le nombreux essaim de ses enfants et petits-enfants; il n'y avait d'étranger que nous. Sans doute, parce que Dieu voulait nous prouver que le salut est dans une vie nouvelle imprimée à la famille, et que le grand mal de nos temps est de rejeter cette vérité. Ces touchantes et belles réunions ne disparaîtront pas avec celui qui en était l'âme : son souvenir, nous le savons, vit dans le cœur de ses enfants, et ces liens d'amitié cordiale dont il était le centre, loin d'avoir été rompus par sa mort, n'ont fait que se resserrer davantage. Mais aussi tous le savent; tandis que tout croule, tout change même dans les familles qui paraissaient reposer sur les bases les plus solides, si les grandes traditions ont pu se conserver fortes jusque dans notre temps au sein de la maison de Villèle, c'est grâce à l'esprit de famille qui en a été toujours et en est encore la vie.

Fidèle aux sentiments que lui inspiraient tous les membres de la famille dont il était le chef, le comte Henri de Villèle poursuivit de sa plus tendre sollicitude les enfants de ses cousins de l'île Bourbon, envoyés en France pour terminer leurs études. Il les traita comme ses propres enfants, les reçut dans sa maison, veilla sur leur éducation, forma leur cœur, prépara leur avenir, en un mot il se plut à être à leur égard un véritable père. L'accueil qu'il leur faisait ne pouvait être plus paternel, ni l'affection dont il les entourait plus profonde.

La *Station* est le nom de la demeure d'un des cousins du comte Henri de Villèle à l'île Bourbon. De la terrasse du gracieux chalet, situé sur les bords de la mer, le regard peut suivre de très loin le vaisseau qui parfois emporte avec lui les plus chères espérances. Lorsque l'un des enfants s'embarquait pour la mère patrie, ses parents attristés montaient sur la terrasse de la Station pour le suivre des yeux et lui dire un dernier adieu; puis, le vaisseau disparaissant à l'horizon, la famille des jeunes de Villèle descendait, affligée de cette séparation nouvelle, imposée à leur cœur par les soucis de l'avenir. Une pensée cependant consolait dans leur peine les parents affligés; ils savaient qu'en France leurs enfants trouveraient un second père tendre et généreux; ce père, c'était celui que vous pleurez, vous qui avez été l'objet de sa sollicitude et qui avez mesuré l'étendue de son dévouement.

Nous avons admiré ce que le cœur du comte Henri de Villèle montra de tendresse au contact de la religion; disons encore que la piété se joignit dans son âme à un autre sentiment qui y était très vif, celui d'un ardent patriotisme. Comme les saints sont aussi de grands patriotes, à l'amour de Dieu il unit un grand amour pour la patrie, car ces deux amours, loin de se contredire, comme quelques esprits égarés osent le prétendre, se soutiennent et se raniment mutuellement. Les terribles commotions de la France en 1870, les défaites néfastes de nos dernières guerres, l'invasion des Prussiens, la perte de l'Alsace-Lorraine, les fureurs aveugles de la Commune succédant en 71 aux ruines de notre gloire nationale, l'avènement définitif au pouvoir des hommes haineux qui nous gouvernent, tous ces événements affligèrent profondément son âme et compromirent jusqu'à sa santé. Immobile, impuissant, de son lit de douleur il suivait les péripéties de la grande lutte qui s'engage, et dont la fin sera la ruine complète ou le salut de notre chère patrie. Il entendait tous les jours la lecture des journaux. En vain, pour lui épargner de trop vives émotions, ceux qui l'entouraient s'ingéniaient-ils à lui cacher les nouvelles fâcheuses, il voulait les connaître et souffrir avec la France. Disons cependant qu'il n'a jamais désespéré de son pays; la veille de sa mort il redisait encore ses espérances. Il était de ceux qui croient que Dieu ne peut abandonner la France et que, dans un jour qui n'est pas éloigné, il lui rendra celui qui doit la sauver : le noble exilé, le digne héritier, le descendant légitime de nos anciens rois. M. de Villèle gardait au roi une fidélité inébranlable. Dans les pages solennelles du testament qui exprime ses dernières pensées, il recommande à tous les siens « de garder dans leur cœur et de transmettre à leurs enfants le souvenir dévoué, respectueux et reconnaissant des bontés dont les rois Louis XVIII et Charles X ont daigné combler leur grand-père. »

IX

Cependant, la mort, qui n'oublie personne, approchait à pas comptés. Depuis deux années surtout, le vieillard la voyait arriver sans trouble ni regret. Une seule crainte agitait parfois sa belle âme : celle de mourir sans recevoir les derniers sacrements ; c'était l'objet de ses préoccupations. Il ambitionnait d'entrer tout armé des grâces de Dieu dans le royaume de son Sauveur et Maître Jésus-Christ. Il désirait recevoir le dernier viatique avant de faire le dernier pas. Cette grâce suprême lui a été accordée.

Elle sonna, hélas ! pour nous cette dernière heure de son pèlerinage, la première de son repos, le jour de la Commémoraison des morts, à une heure du matin, le 2 novembre de l'année 1882. La veille de ce jour à jamais mémorable, à l'heure où l'Eglise chantait les louanges de ses héros et découvrait à ses fidèles l'armée glorieuse de ses élus, le jour même de la Toussaint, comme pour ouvrir les portes du ciel au grand serviteur de Dieu, M. le curé de Merville apportait solennellement le saint viatique à M. de Villèle. Le bon vieillard reçut une dernière fois son Sauveur comme le Grand Désiré. Il reçut dans les mêmes sentiments d'une piété profonde le sacrement de l'Extrême-Onction et l'indulgence plénière à l'article de la mort. Pendant que le Pasteur désolé administrait les derniers sacrements, on entendait le cher malade mêler sa voix à la sienne et répondre aux prières de l'Eglise. De tous ceux qui assistaient à cette sublime scène, le malade était le plus fort, le plus calme, le plus résigné, car tous autour de lui pleuraient de perdre un père, un modèle, un protecteur, un ami. La triste nouvelle se répandit bientôt de maison en maison dans Merville, puis dans les communes où son nom était béni, apportant partout la tristesse et les regrets. On n'entendait que ce cri : Quelle perte pour tous !

Quand vint le moment des obsèques, les ouvriers de M. de Villèle s'emparèrent du cercueil, qui disparaissait sous les fleurs et les couronnes, et se disputèrent l'honneur de le porter. Le corps du regretté défunt, entouré par tous les curés des paroisses voisines, fut porté dans l'église de Merville, dont le sanctuaire était voilé de tentures de deuil. Les habitants de la commune se firent tous un devoir d'accompagner à cette triste cérémonie son honorable famille, dont ils entourent depuis si longtemps les membres de leur respectueuse sympathie. Les funérailles n'eurent de cortège que la foule de ces braves paysans qui ne peuvent encore se consoler de la mort de celui qui fut leur bienfaiteur et leur père. L'orphéon de Merville, heureux de manifester dans cette pénible circonstance sa vive reconnaissance, se réserva l'honneur de chanter la messe de *Requiem*. Puis, après une dernière absoute faite par M. l'archiprêtre de la métropole de Toulouse, le corps du défunt a été transporté à Mourvilles, lieu de la sépulture de la famille de Villèle. Là aussi des pleurs étaient versés, la tristesse était grande et la foule nombreuse. Après les dernières prières faites dans l'église de Mourvilles, les ouvriers du vénérable défunt ont porté religieusement son corps dans le cimetière de la paroisse, où il occupe la place que depuis longtemps déjà il avait marquée lui-même entre sa mère, sa digne et bien-aimée femme, et son fils, le vicomte Joseph de Villèle, qu'il avait eu peu d'années auparavant la douleur de perdre. Citons les touchantes paroles par lesquelles notre admirable chrétien a exprimé aux siens le dernier désir de son âme. « Si je meurs à Merville, je veux que mon corps soit transporté dans l'église de Mourvilles-Basses et qu'il y soit enterré à côté et touchant celui de ma bien-aimée femme. Je recommande à mes enfants l'exécution de ce vœu que je leur adresse comme celle des dernières volontés qui touche à ma personne. Je désire que mes funérailles soient très modestes et qu'on n'élève sur ma tombe aucun monument quelconque. S'il arrivait que mes enfants voulussent conserver le souvenir de l'endroit où reposera mon corps, je désire qu'ils se bornent à faire mettre sur ma tombe une simple pierre semblable à celle que j'ai fait mettre sur la tombe de ma bien-aimée femme et de ma tendre mère. »

Tel fut M. de Villèle, un grand chrétien, un grand serviteur de Dieu, qui consacra sa sainte vie à l'édification du peuple et au soulagement des pauvres et des malheureux. O humble et modeste chrétien! vos volontés ont été religieusement respectées. Nous avons vu vos funérailles, ceux qui passent inaperçus sur la terre en étaient la plus grande pompe; nous avons vu votre tombe, elle a bien le caractère de simplicité que vous lui demandez ; vous ne pouvez pas cependant nous défendre d'élever, en votre honneur, dans nos âmes, dans celles de nos enfants, un monument glorieux de reconnaissance, d'attachement et d'admiration!

Transiit Benefaciendo, il a passé en faisant le bien : telle est la dernière parole que nous laissons tomber de notre cœur ému sur celui dont la noble vie ne s'effacera plus de notre mémoire. Nous pouvons même affirmer que de tous ceux qui ont eu le bonheur de le connaître, aucun ne refusera d'appliquer cette glorieuse parole au comte Louis-Henri de Villèle, mort en odeur de sainteté, le 2 novembre 1882, à l'âge de quatre-vingt-deux ans.

X

C'est à vous, qui êtes les enfants de l'homme de bien dont nous avons redit si imparfaitement les vertus, que sont destinées ces faibles lignes. Vous n'oublierez jamais la noble et sainte figure de votre père. Deux missions seront désormais votre partage : la mission de l'homme qui se montre et se sacrifie pour le bien public, la mission de l'homme qui se cache et qui se dévoue pour sa famille, ses amis et les membres souffrants de l'humanité, les pauvres de Dieu. Peu importe cependant la mission que Dieu vous réserve dans l'avenir, car les modèles de votre conduite sont dans la galerie de vos nobles ancêtres. Hommes publics, ne perdez jamais de vue l'homme éminent et désintéressé qui a jeté sur votre nom le plus beau reflet de gloire, le célèbre Ministre des rois Louis XVIII et Charles X, votre illustre aïeul, le comte Joseph de Villèle; hommes privés, marchez sur les traces du grand chrétien qui fut son digne fils, le comte Louis-Henri de Villèle, appelé à juste titre la providence des pauvres et des malheureux; dans les deux voies, restez toujours chrétiens, fermes, inébranlables dans les grands principes qui ont fait l'honneur et la gloire de votre nom.

Lorsque les patriarches voyaient la dernière heure approcher, ils appelaient leurs enfants autour de leur couche funèbre; puis, se soulevant et ramassant tout ce qui leur restait de chaleur et d'énergie, d'une voix tremblante, mais forte et résolue, ils les bénissaient. A leur exemple, ce père, dont le souvenir vivra toujours dans votre mémoire, a voulu lui aussi vous laisser une suprême et dernière bénédiction avant de s'endormir du sommeil des justes. Ecoutez encore cette dernière preuve de sa tendre affection pour vous; elle sera la dernière parole de notre trop imparfaite étude : « Maintenant, mes chers enfants, je remplis envers vous le dernier et le plus doux de mes devoirs, et réunissant le pouvoir de votre mère et les miens, je vous bénis au nom du Père, du Fils et du Saint-Esprit, priant le Dieu de miséricorde de nous réunir un jour tous ensemble dans notre patrie céleste ». Dieu ratifiera ces dernières paroles du testament de celui qui fut son grand serviteur, car il bénit, selon la promesse de la sainte Ecriture, jusqu'à mille générations, les enfants de ceux qui l'aiment et qui le servent.

RF IMPRIMÉS

Toulouse, imprimerie Douladoure-Privat, rue Saint-Rome, 39. — 5084

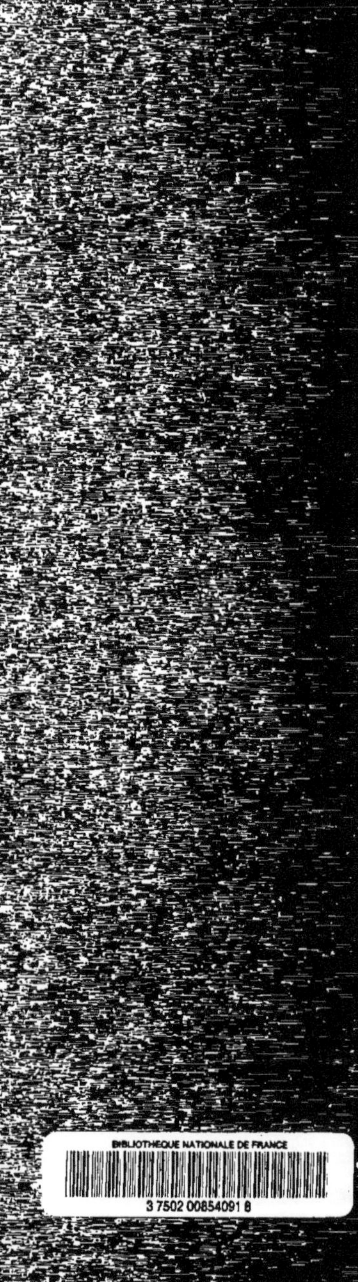

BIBLIOTHEQUE NATIONALE DE FRANCE
3 7502 00854091 8

www.ingramcontent.com/pod-product-compliance
Ingram Content Group UK Ltd.
Pitfield, Milton Keynes, MK11 3LW, UK
UKHW020329220726
13923UKWH00003B/1451